Misterios cotidianos

¿De dónde vienen nuestros alimentos?

Debra Stilwell

Gareth Stevens
PUBLISHING

Please visit our website, www.garethstevens.com.
For a free color catalog of all our high-quality books,
call toll free 1-800-542-2595 or fax 1-877-542-2596.

ISBN 9781538253496 (pbk.)
ISBN 9781538253502 (eBook)

First Edition

Published in 2020 by
Gareth Stevens Publishing
111 East 14th Street, Suite 349
New York, NY 10003

Translator: Zab Translation Solutions
Designer: Katelyn E. Reynolds
Editor: Greg Roza

Photo credits: Cover, p. 1 Stuart O'Sullivan/Stone/Getty Images; p. 5 iStockphoto.com; pp. 7, 13, 17 (fruit on truck), 19, 21, (pp. 3–24 background and graphics) Shutterstock.com; p. 9 JupiterImages/Photos.com/Thinkstock; p. 11 Jeff Rotman/The Image Bank/Getty Images; p. 15 Lester Lefkowitz/Stone/Getty Images; p. 17 David McNew/Getty Images.

Printed in the United States of America

CPSIA compliance information: Batch #CG19WL: For further information contact Gareth Stevens, New York, New York at 1-800-542-2595.

Contenido

Las palabras en **negrita** aparecen en el glosario.

En la granja

La mayor parte de los alimentos que comemos crecen o se cultivan en granjas. Las frutas y las verduras están listas para comer en el momento en que se recogen. Otros alimentos dejan la granja y van a fábricas. Allí, estos alimentos se utilizan para hacer **alimentos procesados**.

Cultivos

Muchas granjas cultivan verduras o frutas. Algunas cultivan un solo tipo de alimento, como maíz o trigo. Otras tienen distintos cultivos. Las granjas donde se cultivan árboles frutales o nogales se llaman huertos.

huerto de manzanos

Animales de granja

Algunas granjas crían animales para que sirvan de alimento. El ganado incluye animales tales como vacas y cerdos. Las aves, tales como pollos y pavos, se conocen como aves de corral. Los productores lecheros venden leche de vaca. La leche se utiliza para hacer **productos** lácteos, tales como queso y manteca.

118

Productos del mar

Algunos alimentos vienen del mar. Los productos del mar incluyen pescados y mariscos, como las almejas, e incluso algunas plantas. Las compañías pesqueras usan grandes redes o trampas para atrapar muchos peces a la vez. ¡Algunos peces se crían en granjas!

En el mercado

Algunos granjeros venden los alimentos que cultivan y crían en un mercado de granjeros. Los mercados tienen contenedores con frutas y verduras. Algunos granjeros venden leche, queso y otros productos lácteos. Algunos incluso venden carne preparada en la granja.

100
40

Fábricas de alimentos

Las fábricas usan alimentos que vienen de las granjas para hacer alimentos procesados. Por ejemplo, los tomates se usan para hacer salsa para los espaguetis. Se agregan **ingredientes** a los alimentos procesados para mejorar su sabor y para evitar que se **echen a perder**. Algunos alimentos se enlatan o se **congelan** para que duren más tiempo.

Transporte de alimentos

Camiones, trenes, barcos y aviones llevan alimentos de las granjas a las fábricas y de las fábricas a las tiendas. Algunos alimentos viajan cientos o miles de millas. Deben transportarse rápidamente para que no se echen a perder. Muchos alimentos se mantienen congelados mientras se transportan.

Tiendas de comestibles

Las tiendas de comestibles venden alimentos frescos y procesados. Los trabajadores de las tiendas bajan los alimentos de los camiones cuando llegan. Los trabajadores abren las cajas y colocan los productos en su lugar en la tienda. Las personas de la comunidad compran los alimentos.

¡Produce tus alimentos!

Algunas personas no compran su alimento: cultivan o crían sus propios alimentos, igual que lo hacían nuestros **ancestros** hace mucho tiempo. Algunas personas cultivan frutas y verduras en huertos. Algunas crían pollos para tener huevos y carne. Otras pescan pescados y mariscos.

De la granja a tu mesa

1. Los granjeros siembran los cultivos y crían animales.
2. Algunos granjeros venden los alimentos en un mercado de granjeros.
3. Los camiones llevan el alimento de las granjas a las tiendas y fábricas.
4. Las fábricas hacen alimentos procesados.
5. Los camiones llevan los alimentos procesados a las tiendas.
6. Las personas de la comunidad compran los alimentos.

Glosario

alimentos procesados: alimento que ha cambiado su estado original.

ancestro: alguien de la familia que vivió hace mucho tiempo.

congelar: conservar muy frío.

echarse a perder: pudrirse.

ingrediente: un alimento que se mezcla con otros alimentos.

producto: algo hecho, criado o cultivado que se ofrece para la venta.

Para más información

Libros

Adamson, Heather. *The Grocery Store*. Mankato, MN: Amicus, 2011.

Dickmann, Nancy. *Food from Farms*. Chicago, IL: Heinemann Library, 2011.

Randall, Ronne. *Where Food Comes From*. Mankato, MN: NewForest Press, 2011.

Sitios de Internet

Fresh from the World . . . Where Your Food Comes From
urbanext.illinois.edu/food/
Aprende más sobre los alimentos y de dónde vienen, con esta presentación animada y colorida.

FSA Kids
www.fsa.usda.gov/FSA/kidsapp
Aprende más sobre cómo funcionan las granjas en el sitio de Internet de la Farm Service Agency (Agencia de Servicio Agropecuario).

Índice